Diogenes Kinder Taschenbuch 8

Er war da und saß im Garten

Eine Geschichte von
RHODA LEVINE
Mit vielen Zeichnungen von
EDWARD GOREY
Aus dem Amerikanischen von
Hans Manz

Diogenes

Titel der Originalausgabe:
›He Was There From the Day We Moved In‹

Die erste deutsche Ausgabe erschien 1970
im Diogenes Verlag

Georg X. Levine
in Liebe zugeeignet

Veröffentlicht als Diogenes Kinder Taschenbuch, 1977

400/77/B/1
ISBN 3 257 25008 8

Er war da und saß im Garten

Als wir einzogen, war er da. Er war da und saß im Garten.

»Ob er wohl zu diesem Garten gehört?« fragte mein Bruder Oskar, während wir durchs Fenster blickten.
»Ich kann mich nicht erinnern, daß jemand von ihm gesprochen hat, als wir das Haus kauften«, sagte mein Vater unsicher. »Aber was will er dann hier?«
»Ich glaube, er wartet auf etwas«, sagte ich.
Wir waren uns alle einig, daß er auf etwas wartete.
»Auf mich wartet er, auf mich, auf mich!« schrie plötzlich mein Bruder Oskar und rannte durch die Küche in den Garten. Man muß wissen, daß mein Bruder erst vier Jahre alt ist.
»Nein, ich bin sicher, daß er auf uns alle wartet«, widersprach meine Mutter, als wir hinter Oskar hergingen.

Und dann standen wir ihm gegenüber. Aber keiner von uns hätte erraten können, ob es ihn freute oder ob es ihm mißfiel, uns zu sehen.
»Vielleicht wartet er darauf, daß ich auf und ab springe!« redete sich Oskar ein und sprang auf und ab.
»Vielleicht möchte er einen meiner Purzelbäume sehen!« Oskar hatte eben gelernt, Purzelbäume zu schlagen.
»Oder dann«, versuchte es Oskar atemlos von neuem, »oder dann wünscht er, daß ich nur auf einem Bein hüpfe!«
»Und ich glaube«, besänftigte meine Mutter und legte Oskar beruhigend die Hand auf die Schulter, »daß er etwas fressen möchte.«
Meine Mutter ist eine sehr praktische Frau.

Was mich betrifft: ich spürte, daß dies nicht die richtige Antwort war, aber ich ließ meine Mutter eine Schale Milch, rohes Hackfleisch und einen Suppenknochen holen. Sie stellte die Dinge vor ihn hin.
Oskar selbst stob davon und holte einen klebrigen Dauerlutscher. Er war grün! Aber schließlich: Oskar ist ja erst vier Jahre alt! Nun: er nahm von allem ein wenig – ausgenommen natürlich vom Dauerlutscher. Ich hasse Grün genauso!
»Er wartet noch immer! Er wartet auf etwas anderes! Aber *worauf* wartet er?« Oskar war ganz schön verwirrt.
»Ich weiß bestimmt, daß er uns kennenlernen möchte«, sprach meine Mutter, als sie uns ins Haus schob. »Er will es sich nur noch eine Nacht lang überlegen.«
Also, in dieser Nacht dachte ich viel über ihn nach. Aber ich war nicht so dumm, immer wieder barfuß ans Fenster zu laufen, um zu sehen, ob er noch da war.
Das tat Oskar.

Und er *war* am folgenden Morgen noch da. Es regnete, aber er schien es nicht zu bemerken.
Meine Mutter lächelte: »Ich bin sicher, daß er darauf wartet, daß wir ihn ins Haus einladen.« Meine Mutter konnte niemanden im Regen sitzen sehen.

Kaum hatte sie das gesagt, rannte Oskar hinaus, zu ihm: »Meine Mutter sagt, du darfst ins Haus kommen. Komm doch, komm schön.« Nichts geschah. Deshalb streute Oskar eine Zeile Cornflakes vom Hund zur Tür. »Komm, komm schön, komm doch, bitte, bitte«, lockte mein Bruder weiter. Aber er saß nur da, mit triefendem Fell, wartend.

So gingen die Tage vorbei. Wir fütterten ihn, und wenn es kühl wurde, legten wir ihm eine Wolldecke über den Rücken. Es schien ihn nicht zu stören.
Während dieser ganzen Zeit versuchte Oskar immer hartnäckiger herauszufinden, worauf er wartete.
Einmal brachte er ihm ein Stück Schnur.
Ein andermal legte er eine Stoffkatze vor ihn hin.

Er versuchte es mit einer Schachtel Farbstifte.

Er zeigte ihm endlich auch noch einen Kalender.

Und zuletzt dachte Oskar: ›Er möchte, daß ich mit ihm spreche.‹ Stell dir das vor: Oskar verbrachte einen geschlagenen Nachmittag damit, bei ihm zu sitzen und mit ihm zu reden! Ein ganzer Nachmittag ist eine schön lange Zeit!

Und etwas später sagte Oskar zu mir, daß er nun ganz sicher sei, daß sich der Arme ein neues Spielzeug wünsche.

Ich muß gestehen: ich hatte eher den Eindruck, Oskar wünsche sich selber eines.
Erst als alles nichts half, gab Oskar auf. Manchmal sprach er schon gar nicht mehr von ihm und besuchte ihn nicht einmal! Ich weiß zwar nicht, wie alt du bist, aber vielleicht kannst du das verstehen: man hat es sehr schwer, wenn man sich für jemanden interessiert, der einen nicht einmal beachtet!
Ich hingegen vergaß trotz allem nie, über ihn nachzudenken. Ich fuhr fort, herauszufinden, was ihm fehlte. Ich

hörte nie auf, mich mit ihm zu beschäftigen – nicht, wenn ich Fußball spielte, nicht, wenn ich las, nicht einmal, wenn ich schlief.

Eines Nachts, nehme ich an, dachte ich aber besonders angestrengt über ihn nach. Ich hatte ihn vorher lange beobachtet, wie er mit geschlossenen Augen im Mondschein saß.

›Hör mal‹, dachte ich, ›du hast Futter, du hast Freunde und ein Heim, aber was willst du *wirklich?* ‹Und als ich das dachte, wußte ich es! Er wünschte sich einen Namen!

Er wartete auf einen Namen!

Am nächsten Morgen begann ich, eine Liste zu machen. Ich schrieb alle Namen darauf, die ich je gehört hatte. Ich suchte in sämtlichen Büchern, die wir besaßen, nach

Namen. Ich schrieb sie selbst von Plakaten und Werkzeugen ab. Nicht, daß ich ihn »Haushaltsgeschäft Meier's Erben & Co« oder »Wilhelm Tell« hätte taufen wollen. Nein gewiß nicht. Was ich wollte, war nur eine vollständige Liste, um keine Möglichkeit zu verpassen. Weißt du, für einen erwachsenen Hund einen Namen zu finden, ist noch lange nicht dasselbe wie für ein neugeborenes Kind. Du mußt den richtigen treffen, den einzigen, auf den er gewartet hat. Du kannst ihm nicht einfach einen nachwerfen.

Als ich an den Mittagstisch gerufen wurde, hatte ich die längste Liste, die ich in meinem Leben je gesehen habe. Und – was wichtiger ist – mit den schönsten Namen gefüllt, mit der Füllfeder säuberlich aufgeschrieben.

»Was zeichnest du?« fragte Oskar. Mein Bruder Oskar kann nicht lesen.

»Ich zeichne nicht, ich schreibe«, sagte ich.

»Was schreibst du?«

Ja, und da machte ich den großen Fehler.
Ich sagte ihm, was ich schrieb und warum.
Oskars Augen wurden immer größer,
als ich es ihm erklärte.

Manchmal merkt er doch, daß ich ganz hübsch klug bin. Er riß seine Augen derart weit auf, daß ich darüber ganz vergaß, auf ihn zu achten. Er ging langsam rückwärts, während ich sprach, und – schon war er weg! Er rannte geradewegs in den Garten und schrie: »Ich weiß ihn, ich weiß seinen Namen!«

Oskar war im Garten, bevor ich ihn hätte aufhalten können. Vierjährige können oft schneller laufen als irgend jemand sonst auf dieser Erde.

»Warte!« rief ich, »sei vorsichtig, überleg es dir noch einmal!« Aber ich glaube, er war gar nicht imstande zu warten. Halbwegs war ich froh, daß wenigstens die Eltern beschäftigt waren. Sie wenigstens konnten nicht sehen, was nun geschah.

Oskar rannte ohne zu zögern auf ihn los. Dicht vor ihm hielt er an und streckte seinen Zeigefinger aus (...und tippte an seine Nase).

»Deinen Namen«, keuchte er, »ich kenne deinen Namen! Dein Name ist...« Er hob das eine Ohr hoch und flüsterte ihn hinein. – Dann trat er zurück.

Ich habe Oskar noch nie so stolz und so glücklich gesehen.

Wir hielten beide den Atem an, eine volle Minute lang. Er blinzelte nur, dieser Hund! Langsam hob er seinen Blick und schaute uns mit traurigen und nachsichtigen Augen an. Nochmals blinzelte er, wie wenn er sich eine letzte Sekunde Zeit geben wollte, und dann rappelte er sich hoch, schüttelte sich und setzte sich in Bewegung – so, als wäre er alt und müde. Er ging dem Ausgang des Gartens entgegen. Allerdings, als mir Oskar den Namen verriet, den er geflüstert hatte, mußte ich zugeben: auch ich wäre weggelaufen. Wer um Himmels willen gibt einem Hund den Namen Marlieschen – selbst wenn das der Name eines Mädchens ist, das im nächsten Haus wohnt!
Ich dachte: ›Oskar ist ja hübsch blöd.‹ Aber ich sagte es ihm nicht. Er stand schon traurig genug da.
Ich meine: sehr traurig.

Gerade deshalb wohl handelte ich. Ich rannte dem Hund nach, holte ihn ein und stellte mich vor ihn hin und begann auf ihn einzureden. Er trottete unbeirrt weiter.
»Hör mir doch zu!« sagte ich, »ich habe eine lange Liste von Namen, die noch in Frage kämen und die du noch nicht einmal gehört hast. Namen wie Arthur, Gregor, Vinzenz und Bertram...«
Er blieb stehen. Er blinzelte.
»Ich weiß«, fügte ich rasch hinzu, »das sind wahrscheinlich auch noch nicht die richtigen Namen, aber ich kann dir noch andere vorschlagen. Französische Namen, Ortsnamen, Kosenamen – was du willst! Aber gib mir doch erst die Gelegenheit dazu!«
Er schüttelte sich.
»Glaube mir, mein Vater hat mir erzählt: der Hund ist der beste Freund des Menschen. Gut so, aber ein Freund läßt doch nicht einfach Leute im Stich, nur weil sie sich einmal geirrt haben!«
Ich denke, das waren die Worte, die ihn trafen. Er blinzelte wieder... und setzte sich hin.

Nun, da sitzt er noch immer und wartet. Er sitzt näher beim Ausgang, aber er ist immer noch da.
Oskar streichelt ihn oft, obschon er kaum noch mit ihm spricht. Weißt du, wir sind daran, den richtigen Namen früher oder später herauszufinden. Ich, für meinen Teil, bemühe mich sehr darum. Ich denke nach, er wartet. So versuchen wir es miteinander.
Und das, sagt meine Mutter, ist so ziemlich das Beste, was man tun kann.

Edward Gorey wurde am 22. Februar 1925 in Chicago geboren. Er studierte und graduierte an der Harvard University und arbeitete dann einige Jahre als Art Director für den Verlag Doubleday & Co in New York.
Sein erstes Buch erschien 1961 auch als erstes Gorey-Buch im Diogenes Verlag: *Der zweifelhafte Gast*. Inzwischen ist Gorey renommiert als Autor und/oder Illustrator von mehr als 200 Büchern, Buchumschlägen und Posters sowie als Mitarbeiter so bekannter und verschiedener Zeitschriften wie *Esquire*, *Harvard Business Review*, *Ballet-Review* und vieler mehr. Er lebt: in einer fast leeren 1-Zimmer-Wohnung in New York zusammen mit 3 (manche sagen: 6) Katzen in einer reichverzierten Villa aus dem 19. Jahrhundert. Er trägt: am liebsten Tennisschuhe, blue jeans und Pelzmäntel und geht: seit 1953 fast allabendlich ins New York City Ballet.
Er schätzt: Samuel Beckett, er genießt: Agatha Christie (deren sämtliche Werke er drei- viermal gelesen haben will), er liebt: Horrorfilme »bei denen es nur ein Minimum an Wirklichkeit gibt«, und er glaubt –: wen könnte es überraschen an die surrealistische Idee, »daß das Geheimnisvolle im Alltäglichen, im Allerbanalsten liegt«.
Zu seinen frühesten Bewunderern hier zählten Hermann Hesse und Wolfgang Hildesheimer; und Oskar Kokoschka pries ihn als »sublim, absurd, mystisch«.

Edward Gorey's Bilderbücher für Kinder im Diogenes Verlag

Die sehr gute Uhr

Geschichte von Muriel Spark
Deutsch von Gerd Haffmans
27. Werk im ›Club der Bibliomanen‹

Meister Lampe und seine Tricks

Geschichte von Ennis Rees
Deutsch von Anna von Cramer-Klett

Samuel und Emma

Geschichte von Donald Nelson
Deutsch von Hans Manz

Rotkäppchen

Ein Märchen der Brüder Grimm
Diogenes Kinder Klassiker

Schorschi schrumpft

Geschichte von Florence Perry Heide
Deutsch von Hans Wollschläger
Diogenes Kinder Klassiker

Katz und Fuchs und Hund und Hummer

Verse von Ennis Rees
Deutsch von Claudia Schmölders
Diogenes Kinder Klassiker

Diogenes Kinder Taschenbücher

Dr. Heinrich Hoffmann
Der Struwwelpeter
kinder-detebe 1

Wilhelm Busch
Max und Moritz
kinder-detebe 2

Lewis Carroll
Die kleine Alice
kinder-detebe 3

Munro Leaf
Ferdinand der Stier
kinder-detebe 4

Jean de Brunhoff
Die Geschichte von Babar dem kleinen Elefanten
kinder-detebe 5

Maurice Sendak
Hühnersuppe mit Reis
kinder-detebe 6

Tomi Ungerer
Die drei Räuber
kinder-detebe 7

Edward Gorey
Er war da und saß im Garten
kinder-detebe 8

Reiner Zimnik & Hanne Axmann
Die Geschichte vom Käuzchen
kinder-detebe 9

Luis Murschetz
Der Maulwurf Grabowski
kinder-detebe 10